Luz e Sombra

Carlos Roberto Aricó

Luz e Sombra

1ª edição
Brasil
2014

© Copyright 2014
Ícone Editora Ltda.

CIP – Brasil. Catalogação na Publicação.
Sindicato Nacional dos Editores de Livros, RJ.

A743L

Aricó, Carlos Roberto
Luz e Sombra / Carlos Roberto Aricó. – 1ª ed. – São
Paulo: Ícone, 2014.

192 p.; 21 cm.
Inclui índice.
ISBN 978-85-274-1250-6

1.1. Poesia brasileira. I. Título.

13– 07267

CDU: 869.91
CDU: 821.134.3(81)-1

Projeto gráfico, capa e diagramação
Richard Veiga

Revisão
Carlos Roberto Aricó

Proibida a reprodução total ou parcial desta obra, de qualquer forma
ou meio eletrônico, mecânico, inclusive através de processos xerográ-
ficos, sem permissão expressa do editor. (Lei nº 9.610/98)

Todos os direitos reservados para:
ÍCONE EDITORA LTDA.
Rua Anhanguera, 56 – Barra Funda
CEP: 01135-000 – São Paulo/SP
Fone/Fax.: (11) 3392-7771
www.iconeeditora.com.br
iconevendas@iconeeditora.com.br

Dedicatória

Minha eterna gratidão à Denise M. Eid e Vera S. C. Morato de Oliveira.

Dedico esse livro a: Andrés, Carla, Edna, Giovanni, João, Larissa, Léa, Letícia, Marina, Sérgio, Thiago, Vera, e também às pessoas que conseguem valorizar os versos, aprendem com as emoções percebendo a possibilidade, ainda que difícil, da poesia tornar o mundo um pouco melhor.

Estou convencido de que caminhamos na escuridão. Desejo alguma luz para esse caminhar entre sombras, espanto e silêncio.

Entre o silêncio e o espanto

Escrever sobre um livro de poemas é sempre um desafio, principalmente quando se pretende alcançar sentidos válidos para outros leitores. Cada poema constitui um universo, e o livro muitas vezes é a soma ou multiplicação desses universos, que vão constituindo verdadeiras galáxias poéticas. Dessa perspectiva, o título desta apresentação – extraído da carta que o poeta dirige ao leitor – poderia remeter à própria perplexidade que se experimenta na leitura dos poemas de Carlos Roberto Aricó. Mas, na verdade, pretende ser mais do que isso. Pretende caracterizar o processo criativo de uma poesia que, diante da complexidade da vida e do anseio de compreendê-la, muitas vezes reconhece no silêncio a forma de expressão mais justa.

Esse processo, embora mais evidente num ou noutro poema, perpassa todo o livro, o que não deixa de ser estimulado pela sua própria estrutura. Já que os poemas não estão dispostos em ordem temática, estilística ou cronológica, mas em ordem alfabética, eles podem ser lidos como um abecedário poético, em que a unidade se verifica menos nos poemas individualmente do que no movimento que percorre todo o livro, numa espécie de "acordes" de "uma orquestra sem maestro", com "vozes partidas", como se lê no poema *Crepúsculos tristes*. A esse propósito, a ausência de indicação cronológica cria forte sugestão de simultaneidade ou atemporalidade, que produz a sensação de se contemplar a música da vida na perspectiva do infinito. Como resultado, a leitura dos poemas na sequência proposta faz que o olhar percorra amplos horizontes, do cotidiano ao espaço sideral, do presente ao infinito, e acompanhe a tentativa de circunscrever a mesquinhez humana na ampla moldura da existência.

Dito de outro modo, a leitura dos poemas em ordem alfabética convida o leitor a lançar linhas de sentido que se sobrepõem aos poemas como peças individuais e vão configurando uma unidade mais ampla. Isso não quer dizer que os poemas não tenham unidade, mas que muitas vezes ela ocorre em um plano superior. Não é fácil estabelecer em que consistiria essa unidade, mas é possível vislumbrar algumas possibilidades, considerando temas e procedimentos que vão sendo reiterados ao longo do livro. Em sua grande maioria, expressam o desejo de voo do cotidiano para outros tempos e lugares, numa atitude menos de fuga que de distanciamento estratégico, simulando o movimento do próprio olhar poético, que vai da precariedade terrena ao brilho do infinito, buscando compreender os enigmas do planeta e da vida humana:

Brilho
Estrelas distantes
luminosas estrelas,
quero sempre vê-las.

Ignoro as nuvens
e o céu sujo.
Perene cotidiano,
rotina de poluentes.

O movimento é exemplar porque se repete em várias imagens da mesma natureza: das pessoas ao universo, da luz à sombra, da palavra ao silêncio, como se os enigmas do planeta e da existência indicassem a incapacidade do poema para dar conta desse mistério e, no limite, induzissem ao silêncio.

Numa outra perspectiva, o mesmo movimento compara a pequenez do sofrimento humano com a imensidão da natureza, como se observa na bela imagem construída no poema *Cantilena*:

Uma luz na retina,
descortina a menina,
nos olhos tristes da bailarina.

em que o lugar-comum da alegria externa e do sofrimento interior é descoberto pela luz na retina. Mas a novidade vem na sequência do poema, quando a metáfora do grande sofrimento é dada pelas pequenas lágrimas nos "tristes olhos-mar" da morena, síntese da viagem do pequeno ao infinito pela tristeza do olhar:

Meu eterno marejar,
submersa cantilena.
Tristes olhos-mar,
de ondas tão pequenas.

A sutileza da dor contida, que se manifesta em "gotas tão serenas", de "pequenas lágrimas", parece sempre pedir o silêncio, que longe de calar a voz da poesia a torna enfática, numa espécie de "tempestade de silêncio", expressão aliás que aparece mais de uma vez no livro. Em *Você e os outros*, surge como o "rumor dos sonhos / barulho insuportável do nada" e, em *Como escrever?*, sinaliza uma espécie de poética, em que "Tantas palavras vão esconder a agonia, / muitas palavras e uma vida vazia", evoluindo depois para "Tempestades de silêncios / em almas vazias". O silêncio também é virtude quando a poesia se cala (*Falta poesia*). Às vezes é apenas um grito, quando o poeta se interroga em *Ser?*. A expressão "I am the best", desejo ou imposição profissional, de tanto repetir-se, parece deslizar, ao final, para "I am the beast", indicando o vazio de certos papeis sociais.

A experiência profissional do poeta certamente contribuiu para auscultar e compreender horizontes e universos que transcendem o cotidiano e mergulham no obscuro, infinito, intemporal: "A psicanálise tropeça no destino humano, / mas, ao menos, tenta compreendê-lo. / O desejo será sempre enigma e esfinge." (*Minha psicanálise*). Assim, o que parece fugir para o não lugar e o não tempo é a maneira encontrada pelo poeta para melhor examinar a vida humana como um todo. Nesse sentido, as necessidades do homem retornam com toda a energia após um aparente descarte, como é o caso da fome, que a sociedade ainda não soube eliminar. *A fome*, primeiro poema do livro, situa a miséria em um ponto da história do Brasil: Nordeste. Cria, para isso, uma imagem sonora que a torna sensível:

> *Se fome tem nome,*
> *o nome perene é nordeste,*
> *Fome consome, sem pressa,*
> *com preces, fome entristece.*
> *Nome da fome: nordeste.*

O tecer interior da fome sugerido no vocábulo "entristece" ecoa dramaticamente na paronomásia *pressa / prece*, que se repete em outras partes do livro com sentido ampliado: "Se houvesse a saudade, / com pressa, com prece / correria em direção ao passado" (*Se*), em que a mudança do *sem pressa* de lá, para *com pressa* daqui dá o tônus vital. Já os desejos fazem o indivíduo despencar da lua e cair no chão da vida:

> *Despenco do alto,*
> *no asfalto, no chão.*
> *Despenco da lua,*
> *da doce ilusão.*
> *(Desejo)*

Observa-se com frequência no livro um movimento de ida e vinda, de ascensão e queda. No exemplo anterior, prevalecem os sentidos. Já em *O oráculo responde* o horizonte parece se ampliar para sonhos de mudança social:

> *dos sonhos*
> *nascem castelos*
> *que caem na realidade*
> *e silêncio*

O cair na realidade aponta aqui para a faina incansável da vida, da mesma forma que o passar inexorável do tempo está formulado de modo angustiante em *Obstinação*:

> *Trabalha rápido o fuso,*
> *um confuso tecelão.*
> *Bem alheio às horas*
> *que se despedaçam no tempo,*
> *esse incansável tecelão.*

em que o fazer humano, nem sempre consciente, configura o homem no tempo que o vai tecendo. Assim, o cair na vida real é representado de diversas formas, das mais elementares, como pura expressão de sentimentos, a procedimentos mais complexos de reflexão sobre a vida.

Da mesma forma, a vertigem da vida muitas vezes está restrita ao império dos sentidos e suas desilusões. Em *Buenos Aires*, surge como prazer e sofrimento misturada a bebida, música, éter, sexo. Em *Cachaça*, localiza-se na bebida e na tristeza. Como se viver fosse tragar o mundo: "Anseio de beber, / tragar o mundo / entre ser puro ou imundo" (*Charles Bukowski*). Bela imagem dessa relação com o mundo mediada pelo álcool está em *Rotina*: "Tantos uisquies / envelhecidos / em tonéis de mágoas". Situação mais dramática por causa de certa consciência emergente configura-se em *Conversa de bar*, em que se contrapõe a imagem de euforia à alienação social:

> Comendo doce salgado
> longe da miséria sombria
> se esquece de bom grado
> que há tanta barriga vazia.

Ao lado da bebida, a sensualidade e o erotismo parecem funcionar como meio de chamar a atenção para a condição animal do homem. Em *Strip tease*, lê-se:

> No cotidiano strip tease da vida,
> Um espartilho
> E a esperança,
> Dependurada
> Em mãos trêmulas.

O silêncio, portanto, não é na poesia de Aricó uma fuga ou derrota, mas uma estratégia poética para configurar o espanto e, dessa forma, contribuir para "transformar a consciência dos indivíduos", como escreve na carta ao leitor. Para isso, lança mão de vários recursos que só a leitura dos poemas poderá mostrar. Por causa de sua alta recorrência, cabe destacar a presença de imagens sonoras que dão uma cor especial a vários poemas, como *A fome*, *Alucinação* ("Halo de luz, / luz sina em ação", que sugere a própria alucinação), *Canto das ilusões*, em que o jogo de imagens representa seus fantasmas, *Hieróglifos*, em que as aliterações expressam o correr obscuro da vida, e *Reflexão*, em que se observa um momento exemplar desse procedimento na iconização do espelho como forma de se refletir sobre a existência:

Espelho, lugar inabitável,
só reflexos e reflexos sós.
Rostos alegres ou antigos rostos.
Desgostos, escassos sonhos decompostos,
a postos, impossível espaço.

Finalmente, cabe lembrar que o livro não é pessimista. Apesar do sofrimento do viver, da presença dolorosa da perda ("ausência despótica / presentificando tudo / ausência presente / escondida sob o mármore") em *1989*, do erotismo que muitas vezes cai no vazio dos sentidos, há vários momentos de intensa vida, como se verifica num dos mais densos poemas, dedicados justamente ao amor: *Um encontro*. Nele, a sensualidade é trabalhada a partir de uma ambígua epígrafe de Carlos Marighella: "E eles estavam ali em minha frente, / com os bicos apontados para mim, / como duas lanças a furar-me os olhos." A evocação motiva imagens fortes como "vertigem sonhada / das muitas noites clandestinas. / A você, quero dar todos nomes conhecidos", para concluir em explosões mútuas: "Minha vida explode em você. / Bem feliz, desesperado, agora, / desejo sua vida / também explodindo em mim."

Benedito Antunes[*]
Professor de Literatura Brasileira da UNESP,
Câmpus de Assis

---

[*] Benedito Antunes é graduado em Letras pela antiga Faculdade de Filosofia, Ciências e Letras de Assis (1974), mestre pela Unicamp (1983), com um trabalho sobre Oswald de Andrade, e doutor pela UNESP-Assis (1996), com uma tese sobre Juó Bananére. Dedica-se a pesquisas de questões literárias do século XX, especialmente o pré-modernismo, o modernismo, o ensino de literatura e o romance brasileiro. Publicou *Juó Bananére: As Cartas d'Abax'o Pigues* (1998) e, em parceria, *Trança de histórias: a criação literária de Ana Maria Machado*, que recebeu o prêmio de "Melhor livro teórico" de 2005 da Fundação Nacional do Livro Infantil e Juvenil.

Prefácio

> "Es hora de pensar.
> Pensar espanta cuando se tiene el alma en la garganta".
> José Martí

Querido leitor:

Sei que não consegui encontrar as esperadas respostas, plenas de luz, no meu indecifrável processo de viver.

Sei que muito próximo da solidão, mãe profícua de tantos poemas, não pude encontrar as respostas desejadas, as respostas próprias da ambição humana.

Trabalhei cada poema desse livro nos limites do sensível e do capricho. Assim, antes de dissipar-me para sempre, receba o mais sincero obrigado desse autor claudicante, você que de alguma forma quis viajar comigo, você que conhece o espanto da existência na ambiciosa forma do verso e considera as palavras no âmbito especular da suposta realidade. Você que sempre desconfiou do som de tantos vocábulos próximos ao silêncio.

Desejo que meus versos não sejam tocados pelo verniz do mundo. Volto sempre à comparação com cidades desertas, centro egoico do cotidiano imenso, contraditório.

Como se sabe, as palavras simbolizam a memória compartilhada. Desejo alguma cumplicidade com você. Minha poesia insiste em historiar várias contradições que tenho vivido.

Para construir tantas metáforas procuro não me ater ao real dos inúmeros cotidianos e, ao mesmo tempo, observo a significação dos fatos já experimentados.

A partir das letras, dos significantes impressos, pretendo elaborar certas imagens. Seria bom se pudessem ser tão ou mais reais que os próprios fatos ocorridos. A verdade costuma ser apenas alguma coisa desenvolvida entre o silêncio e o espanto, singular conceito que já não causa tanto medo e nem tanta angústia. Sei que quase não se consegue a neutralidade.

Ao refletir sobre Galeno, doutrina médica muito antiga, penso nos fluidos determinantes para objetivar uma disposição do espírito: estranhos humores. O cômico, o sensual, o agressivo, o irônico não se apresentam indiferentes. Considerando esse contexto, elaboro a fluidez dos meus poemas.

Sou médico, especialista em psiquiatria pela Associação Médico Brasileira. Autorizei-me ser psicanalista, fiel ao amplo contexto de Freud, relido por Lacan. Como poeta estou ciente que quase nada depende de mim.

A vida, a morte, o tempo, os regimes políticos e outras tantas coisas escapam do meu verso. Independem do meu amor e também do meu canto poético. "Luz e sombra" talvez mostre dois lados do suceder humano, apenas isso, somente isso.

Luz e Sombra... "Para seguir conversando" foi escrito e, como sempre, será também esquecido. Minha potencialidade para olhar as pessoas e o universo é pequena. Tento engrandecê-la com meu coração.

A seguir transcrevo dois poemas os quais autobiograficamente me revelam, ambos publicados no livro "Tempo Contratempo". "Sempre e sempre o mesmo Édipo incapaz de criar outro destino... em minha colorida existência pálida".

O psicanalista

enterrei minha vida
entre quatro paredes
ouvindo e ouvindo estórias
de pessoas aterradas

encerrei minha vida
cercada por muros,
o campo cerrado
habitado por enganos

sempre e sempre o mesmo Édipo
incapaz de criar outro
destino

Eu

sou sujo e puro
louco lúcido
também estúpido
ateu ou místico
dialética é meu dístico
coerente e contraditório
do silêncio ao falatório
sou poeta, cientista
animal e gente...
e na corda rota dos limites
o eterno equilibrista
com arte de ser artista

sou vivo, reto, morto, direito
e às vezes torto
pleno de dogma e dúvida
sou a força onipotente
e antiforça inválida
em minha colorida
existência pálida

Acredito que cada vida é feita com eternidade e transformação onde gravitam meus humores memorizados entre algumas glórias e também muitos escombros. Também acredito em questões relativas à ordem metafísica. O implacável tempo com frequência habita minhas aliterações poéticas. Todo esse livro não deixa de ser um pretexto para tantas contradições: o provável canto de inúmeros destinos. Muito de cada poeta exprime sua infância no corpo e também na alma. A partir de ondas livres e transparências surgem vozes roucas, significações obscuras, estruturando esse livro como um lugar de dúvidas, páginas de des-razão.

Insisto em escrever sobre o medo de utilizar significantes vazios. Eles apenas deslizam na superfície da existência. Reconheço ser difícil qualquer linguagem, inclusive a poética, para compreender a fantástica complexidade do mundo, do universo de cada pessoa.

Como decifrar os enigmas do planeta e da existência ao se constatar que os poemas em suas aliterações de valores fonéticos não conseguem produzir a forma correta, necessária e precisa para modificar a consciência de cada um de nós? Parece que o destino, o acaso mantém-se implacáveis inclusive quando pretendem fazer eco com as humanas questões metafísicas.

Aqui, nesse texto, quero apenas comunicar-me com você leitor, que possui dentro de si muitos conflitos próprios do suceder civilizatório.

Minha luta é realizada apenas com as palavras aqui impressas. O outro lado, a outra cena, vestem a realidade com persistentes equívocos. Até no simples solilóquio encontra-se presente o diálogo com o outro, mesmo querendo negá-lo. Será que isso pode enunciar alguma verdade?

Hoje há um visível cansaço no planeta. Ele já não suporta as inúmeras condições negativas para a humanidade saudável. O povo agonizante é o principal protagonista da mais triste crônica de um mundo sofrido. A fome que não dorme, dispersa sombras magras em milhões de indivíduos vitimados pela falta de vontade política das pessoas poderosas. Tantos estômagos vazios reclamam, porém sucumbem a esse deplorável estado. A maioria das pessoas não conhece os objetivos cegos do mercado, cada vez mais injusto ao manter a triste e perigosa desigualdade social. É bastante difícil um tempo de poesia. Tantos sonhos morrem ao serem confrontados com o "status quo".

A futura humanidade parece hoje apodrecer com a degradação de tanta gente. Urge modificar a ética que também se degrada. Urge transformar a consciência dos indivíduos que podem muito e também, é claro, da enorme maioria que nada pode. Muitas vezes esses indivíduos possuem somente direito ao voto. Tanto a democracia como o socialismo obedecem ao plano das idealizações.

Atualmente é impossível se desenhar com cores positivas uma nova história, algo melhor que justifique e valorize a dignidade no trabalho. A poesia certamente não consegue transformar esse trágico planeta construído e administrado pela nossa ilusão nos políticos que lutam simplesmente pelos próprios interesses. Nenhum poema possui a utópica capacidade de ao menos organizar um mundo melhor. Espero que essas palavras expressem minha desiludida crença, mas é importante perceber que ainda acredito no valor da poesia. Ainda acredito no caos e cosmos de palavras impressas ao sabor tanto da lógica como do desatino.

Sobre o autor

Carlos Roberto Aricó é médico, psiquiatra e psicanalista. Publicou trabalhos científicos sobre psicofarmacologia, psiquiatria, psicanálise e filosofia. Escreveu os seguintes livros: Estudos sobre psicanálise, epistemologia e política; Tempo contratempo (livro de poesias); Neurose, psicose e criatividade; Reflexões sobre a loucura; A angústia e seus caminhos; Arqueologia da ética.

Como coautor publicou os livros: As formas clínicas do alcoolismo; Drogas: perigos e preconceitos; Perspectivas psicodinâmicas em psiquiatria; Sexo, internet e cia.; Reflexões sobre a sociedade não inclusiva, a psiquiatria e o poder.

Índice

A fome, *29*

A meu pai, *31*

A queda, *33*

A vida, *34*

A vida e o tempo, *37*

Agora sei?, *38*

AIDS, *39*

Além do passado, *41*

Alquimia, *42*

Alucinação, *43*

Amor, *44*

Andança, *45*

Assim na Terra como no Céu, *46*

Atenção..., *47*

Brilho, *48*

Buenos Aires, *49*

Cachaça, *50*

Caminhar, *51*

Cantilena, *52*

Canto das ilusões, *53*

Canto do desejo, *54*

Carnaval, *55*

Cartas, *56*

Certa viagem, *57*

Certo corvo, *58*

Charles Bukowski, *59*

Com tradição, *61*

Como escrever?, *62*

Conversa de bar, *64*

Corpo presente, *65*

Cortejo, *66*

Cosmonauta, *68*

Cosmos, *69*

Cotidiano, *70*

Crepúsculo triste, *71*

Crivo, *73*

Democracia, *74*

Desânimo, *75*

Descaminho, *76*

Desconcerto, *77*

Desejo, *78*

Desterro, *80*

Destino, *81*

Dia a dia, *83*

Drummond e
meus netos, *84*

Entre a água e o vinho, *86*

Entre pessoas, *87*

Epitáfio, *89*

Eros, ver-te em Vera, *90*

Essa musa não sou eu, *91*

Este fã mallarmé, *92*

Eternidade, *93*

Ex pira-se, *94*

Êxtase, *95*

Extra sensorial I, *96*

Extra sensorial II, *97*

Extra sensorial III, *98*

Fatalidade, *99*

Feligonia, *100*

Fim, *101*

Finitude, *102*

Golpe, *103*

Guarujá, *104*

Guernica, *105*

Guerra, *108*

Guerra nas estrelas, *109*

Hierógrifos, *110*

Hoje, *111*

Hora da música, *112*

Impossível?, *114*

Indiferença no labirinto, *115*

Infinitas interrogações, *117*

Interroga-se?, *118*

Juntos, *119*

Kairós, *120*

Laranjas, *122*

Luar, *123*

Luzes, *124*

Magia, *125*

Mais um dia, *126*

Medo, *127*

Menina triste, *128*

Mércia, *129*

1989, *131*

Minha psicanálise, *132*

Mítica, *134*

Mouraria, *135*

Natividade, *136*

Negrume, *137*

Noite de verão, *138*

Nostalgia, *139*

O canto das sereias, *140*

O elefante e a formiga, *141*

O oráculo responde, *142*

Pequena pergunta, *143*

Poema da vida
que passa, *144*

Poeta triste, *145*

Pragma, *146*

Quando, *147*

Queda, *148*

Quem?, *149*

Receita, *150*

Reflexão, *151*

Reflexões de um
certo caipira, *152*

República, *155*

Retórica do silêncio, *156*

Retorno?, *157*

Rotina, *158*

Ruga, *159*

Se, *160*

Sendo, *161*

Ser ou não ser sereia, *162*

Ser?, *163*

Significar, *164*

Strip tease?, *165*

Sua trança, *166*

Tese, *167*

Tortura, *168*

Torturante, *169*

Tradição filial, *170*

TV, *171*

Um encontro, *172*

Um poeta, *176*

Um velho, *177*

Uma flor, *178*

Universo e razão, *180*

Utopia, *181*

Velocidade, *182*

Verdade, *183*

Versinho I, *184*

Versinho II, *185*

Versinho III, *186*

Vertente, *187*

Viver, *188*

Você e os outros, *190*

Voyeur de estrelas, *191*

Zoom, *192*

A fome

> *"Uma velha que trazia a fome*
> *nos ombros e nos olhos e que*
> *trazia a seca no ventre e no seio".*
> J. Cardozo

Se fome tem nome,
o nome da fome,
é nordeste.

Corações áridos,
destinos inválidos,
cáusticos destinos,
criados ao sol a pino.
Sertão e agreste definham, agonizam.

Se fome tem nome,
o nome perene é nordeste.
Fome consome, sem pressa,
com preces, fome entristece.
Nome da fome: nordeste.

Norte, Sul, Leste, Oeste,
cardeais da sorte,
pontos da vida ou da morte,

chegam a Bangladesh,
São Paulo, Rio ou Marrakesh.
Será o nome da fome
só nordeste?
E na negritude do Harlen,
na utopia de Moscou ou Budapeste?
E nos sopros do "liberto" Timor Leste?

Espremendo mais do que
o infinito, choveu.
No chão aflito, um ressequido
sertão sobreviveu.
Gotas de suor e sangue,
poucas gotas d água,
e quase tudo se perdeu.

Há esperança, utopia,
brincando na etérea alegria,
apesar do pão difícil de cada dia.

O trigo pede perdão.
Tropeça na mão das secas,
na ausência do pão,
o milagre concreto do grão.
Mais um cabra da peste
segura firme,
toda esperança na mão.

A meu pai*

> "Dorme, meu pai, sem cuidado
> Dorme que ao entardecer
> Teu filho sonha acordado
> Com o filho que ele quer ter."
> Vinicius de Moraes

Revolta total,
o não e o sim,
sombria esperança,
transplante enfim?
É grande a tristeza
no homem sem rim.

Nem aqui ou Pequim.
Impossível futuro,
contexto escuro, seu fim.

Apressa-se o tempo,
consome-se a hora.
Salto sem trampolim.

---

* Foi primeiro trompetista em orquestra sinfônica e líder na maçonaria.

Saudades em todos,
só saudade em mim.
Silêncio,
estranho silêncio na alma.
Agudos sons: trompete ou clarim,
E só... só saudade em mim.

Imponente marcha triunfal,
no adeus, Aída.
Implacável despedida,
para lugar sem saída.

A eternidade aflora,
partida sem aurora.
Horas aflitas,
horas de minutos consternados agora.
No corpo, rosto mostra-se feliz,
encontra-se morto, como quis.

Que a mais familiar acácia,
não jasmim,
repouse nesse seu último jardim.
Descanse na paz do arquiteto
supremo do universo.
Por favor, aceite meu amor nesse verso.
Você, homem sem rim,
você, meu pai que não existe mais,
mas existe tanto em mim.

A queda

Copo, corpo.
Coração.
Copo hoje,
os pedaços de vidro no chão.

Corpo, coração.
Enfarte, destarte.
Diz-se não.

Aparte rola um morto no chão.
Sem porto, absorto.
Comparte a vida sem arte,
estandarte caído no chão.

A vida*

Por que se falar em Deus?
Deus fez-se ausente na miséria e na dor.
No câncer e nas trincheiras.
E o tempo de falar no crivo,
tempo envelhecido no
turbilhão das impurezas,
voragem das impossibilidades?
Quase nunca se sabe.
E não se saberá um dia?
Já não há mais olhos para o desejo,
nem mãos para o trabalho.
Por que se falar em amor?
Ele secou indiferente.
Nem alegre, nem triste.
O amor fez-se ausente.
O coração quase morto, descompassado.
Bate mecanicamente,
quase sem sangue,
mas ainda bate.
Toda esperança na mulher está vazia.
Já não há porta,
não há mais caminho no silêncio.

---

* Releitura de um poema de Drummond

Só a mesmice, tolice apática
de quem ama.
Do sofrimento resta a descrença.
Restam cicatrizes na alma.
Restam amargas desilusões.
E seus tantos amigos?
Todos batem à porta.
Já não há nada para recordar.
Estão sós, como você,
solidão absoluta das almas.
Solidão dissimulada na
interminável rotina dos dias.
Não adianta falar da velhice,
das rugas no rosto cansado e abatido.
Velho é caricatura da infância,
arquitetada sucessão
dos inúmeros segundos.
Insólita caricatura
entre espasmos seculares e sepulturas.
Feito Atlas você suporta o mundo.
Levanta e carrega o mundo
e tenta fazê-lo de novo:
se possível lindo, muito
lindo e estrelado,
onde o barulho incessante
das trevas emudece.
Ele é leve, incrivelmente leve.
A morte resolve tudo? É o fim de tudo?
Você permanece vivo, morto,
prolixo, conciso.
Você é louco, você é lúcido?
Conformado, anarquista?

Fala de tempos idos, desatinos vividos.
A vida segue, continua, apesar
de discussões inúteis,
guerras inúteis.
Espetáculo bem triste,
primitivo, ridículo.
A vida será uma ordem, ordem
imperiosa, ordem diversa?
Será manifestação absoluta do destino?
Você parece destilar vida
sem começo ou fim.
Sem nenhuma pena, apenas
vida nenhuma.
Fantasia, só fantasia nesse
estranho dia a dia.
Você não sabe que somos passageiros,
simples passageiros, nesse
mundo talvez único.
Somos um sonho, mas veem
pesadelos e nós os vemos.
Mas é preciso reinventar a esperança,
transformar o que for
possível em poesia.

A vida e o tempo

Hipóteses, hipófises
epíteses, epífises.
Nós, somos meros aprendizes.
Hoje e sempre, inúmeros deslizes.
Entre vocábulos e fatais hemoptises
gravitam patrícias e meretrizes.
No corpo e na alma,
marcantes cicatrizes.

Um tempo sem tempo,
sonâmbulas diretrizes
direcionam nossas teses,
encaminham nossos deslizes.

Miseráveis hemoptises
brotam em cada peito.
O tempo devora o imperfeito.
Tempo apavora sem jeito,
ao atravessar caminho estreito.

Agora sei?

Quando
dançando no ar
mais nada for,
com absoluta leveza de beija-flor,
voarei.
Voarei entre nuvens e pássaros.
Voarei.
Eu rei,
infinitamente voarei.
Voarei entre estrelas
de galáxia distante.
Uma vertigem flutuante.
Agora sei!

AIDS

Esperma e sangue
arquitetos da vida
sobrevivem exangues.

Imunologia é baderna.
Quase tudo se alterna.
Morte parece vida.
Tristeza tão moderna.

Células e identidades
anônimas na AIDS,
homônimas na dor.

Divindades perversas espalham horror.
Como assassinos,
matam destinos
nos desatinos nus.
Células explodem.
Corpos implodem.
Tantas pessoas morrem.

Os HIVs, hábeis ourives da dor,
elaboram a joia do horror.

Insólito arco-íris,
no esperma e sangue.
Banalidades esquálidas,
inválidas promessas de vida,
criam impossibilidades.

Hipocrisia, religião,
propriedade, tradição
inventam sagrada família.

Uma herança trágica do desejo,
vai matar a morte?

Dançam castidades,
doloroso espetro da AIDS.

Além do passado

Criatura acadêmica.
Caricatura endêmica.
Epidêmica contracultura.
Hipótese homicida.

As sombras vertidas
brilham em paradoxos,
significando vidas.

Som ou ruído,
diluído no tom e fúria na cidade.
Corroídos tempos de saudade.
Tempos findos, tempos idos.

Alquimia

Lucidez ou loucura?
Insuportável estupidez
na rua escura.

Aventura conspícua, perene,
utópica, etílica,
descuidada, despudorada mistura.

Ignorância, poesia, cultura:
ao gosto da criatura.

Alucinação

Halo de luz,
luz sina em ação.
Um esquisito recado cósmico.
Delírio. Chá de lírio?
E trevas, muitas trevas...
entrevada escuridão.

Morreu a percepção,
objetos inexistentes
confundem toda razão.

Amor

Em nosso fogo
crepitam nebulosas,
ardem astros e estrelas.

Andança

Tudo é tão difícil.
Cada caminho, um sacrifício.
Não desisto;
trôpego pelas ruas, insisto.

Tudo é artifício
nas palavras vazias.
Outras tantas máscaras do ofício.

Agora o sono,
um aparente armistício.
Evoca paz... outro artifício.

Acordo e ando.
Mas... continua
tudo tão difícil.

Assim na Terra como no Céu

Possibilidade e acaso,
nesse chão e arena,
sobrevivem ao correr da pena.

Sem pena do determinismo,
casual cinismo,
o futuro já nos acena.

Apenas jogo da vida.
Apenas jogo da dúvida.
Sem dúvida,
sempre os dados fazem a cena.

Atenção...

Convoco todos esses gritos do passado.
Maltrapilho, andarilho,
caminho para amplidão.
Tropeço e me apresso,
brincando nos astros.
Perdido com tanta razão,
caminho até as galáxias
no espaço sem direção.
Navego entre estrelas
sempre na contramão.
Convoco todos os gritos do passado
em busca da esperança.

Brilho

Estrelas distantes,
luminosas estrelas,
quero sempre vê-las.
Ignoro as nuvens
e o céu sujo.
Perene cotidiano,
rotina dos poluentes.

Estrelas luminosas.
Estrelas tão distantes
em distâncias vergonhosas.

Buenos Aires

Entre as calles
Corrientes, Quintana, Mayo e Entre-rios,
tangos e vazios nas plazas
e um absurdo estrago.
Histriônico, biônico ex-trago
entre todos os tangos.
Na portenha vertigem,
Senha, signo, saga.
Desaba a vida, o copo nunca acaba
no Tortoni lunar.
Procuro no éter, mãe da pele,
meu suéter.
Nos hilos de lana
minha história,
entre parrillas,
mesclas rijas
de infinitude.
Ayer y hoy,
as carnes são as mesmas,
entre todas las calles.
O Condor é o mesmo.
O condor sempre o mesmo:
na vida,
na cordilheira.

Cachaça

Há bêbedos que se encantam.
Etilistas, alguns nos encantam.
Bêbedos só, entristecidos.

Uns deprimentes, outros deprimidos,
tremulam eternos os cachaceiros.
Ilusões envelhecidas em tonéis de dúvidas.
Barris, vidas destiladas quase inteiras.
Sonho, ocaso, ressacas derradeiras.

Tremulam cachaceiros empedernidos,
na dança volátil dos tempos idos.
E... bebemos solitários, entristecidos.

Caminhar

Muitos de nós, vivem só na ilusão.
Nós, com tantos nós, tropeçamos no chão.
Andamos atordoados na contramão.
Apressados corremos sem direção.

Nosso sul, nosso norte
vagueiam em vão.
Razão envergonhada
claudica na solidão.

Muitos de nós ainda vivem
na ilusão.
Perdidamente atônitos
empobrecida razão.

Cantilena

Uma luz na retina
descortina a menina
nos olhos tristes da bailarina.

Tristes olhos mar
de gotas tão serenas
são pequenas lágrimas
nos olhos-mar da morena.

Meu eterno marejar,
submersa cantilena,
tristes olhos mar
de ondas tão pequenas.

Canto das ilusões

Um presságio amigo,
delirante abrigo,
sem prece, sem ágio.
E certa alma ágil
procura plágio,
em frágil espelho.

Um inimigo
se torna amigo,
no delirante abrigo
de tantas imagens.

Canto do desejo

Nosso corpo,
só o alvoroço de nós mesmos,
vibra, vive, a esmo.
Antes, serenos laços.
Hoje tempestade de abraços.
E, despertam relâmpagos,
nos becos da cidade,
estranho furacão
brilha, incendeia e arde.
Furacão insólito.
Muito vento
nenhum alarde.
Vibrante o canto mágico.
Nossos corpos,
certo alvoroço de nós mesmos,
cantam a esmo
as cantigas obscenas,
mundanas e antigas.
Hoje, abraços em tempestade
despertam milhões de relâmpagos
pela cidade.
Corpos se agitam
no vórtice da liberdade.
Os corpos em atrito,
a natureza, nosso grito.

Carnaval

No lança, dança pulsátil
um só perfume.
Doce anarquia nos sentidos libertos,
antes oprimidos.
Nada de ciúme.

Volátil astral.
A dança pulsátil
de sons nebulosos,
olfatos gulosos, insanos.
E evaporantes desenganos.

Cartas

Pareço fora do baralho.
Na alegria até me sujo.
Na tristeza me emporcalho.
Evito tanto as avenidas.
Sou cego em cada atalho.
Desorientado e sem norte,
procuro minha bússola no trabalho.

Embaralhado, barulho de tantas
paixões adormecidas,
sonho com o descarte vencedor.
Imagino o fim do jogo.
Eu!
Aquele último ator.
Eu!
O último jogador.

Certa viagem

Um pássaro bate asas.
Pula e pula
subjugado pelo vento.
Não sai do lugar.
Persevera e tenta
voar com sombras.
Outras manobras estabelece para si.

O aeronauta exemplar
faz de tudo para voar.
Pula, pula e bate as asas.
Arremete, logo cai no vácuo interior.

Voo desastrado,
pássaro em reincidência,
temida turbulência.
Viagem acidentada
verticalidade estabanada
dentro de si próprio.

Certo corvo

Quando tudo é inútil
e as palavras já não proferem mais
o mesmo discurso;
quando os cursos dos rios
ficam no tanger do fio;
quando o abstrato, fino trato,
agora é concreto, razão ou afeto;
quando o verbo predileto ficou só,
sem ação e sem eco;
quando tudo e tanto
tropeça no espanto;
quando cada festa é só pranto;
quando muito horror fica contido,
concentrado em dor:
certa luz alça o infinito.
Penso, repenso, medito.
Ajoelhado interrogo circunspecto:
"Onde está São Benedito?"
Penso, repenso, então acredito:
a minha vida é um estorvo,
o meu coração tão aflito,
eu vivo no bico do corvo,
eu vivo pedindo pinico!

Charles Bukowski

Outra vez, um último porre,
e o vômito no canto da boca escorre,
rum, uísque, vodca, vinho, cerveja...
porre, mais uma vez
derradeiro porre.

Ânsia de beber,
tragar o mundo
entre ser puro ou imundo.
Um corpo, um copo
na festa e no porre,
alvorada risos,
crepúsculo cirrose.
E assim... a vida escorre.

Outra vez
último, saideiro porre,
enquanto nunca se morre.

Rum, uísque, vodca, vinho, cerveja...
mistura etérea
e criaturas etílicas evaporam.

Mais um inebriante porre
e a vida cotidianamente escorre.

Em avenidas,
sem tropeçar no etéreo,
é mesmo sóbrio que se morre.

Com tradição

Amor ancestral,
clã atual.
Bêbado, equivocado,
arquivado na tradição,
sou um coração
revendo histórias distantes,
hoje como antes.

Nada agônico.
Nada harmônico.
Sou homônimo de tantas identidades
perdidas nas grandes cidades.

Como escrever?

Tantas palavras vão esconder agonia,
muitas palavras e uma vida vazia.
Em lugar de esperança
apenas ironia.
Inúmeras páginas
não pedem versos.
Continuam brancas,
desafiadoras entre acaso e ocaso.
Um universo indiferente
e qualquer ente
assume significação diferente.
Ninguém consegue escrever,
tampouco ficar contente.
Tempestades de silêncios
em almas vazias.
Acaso perene.
Ocaso permanente.
Enredo do nada.
Até niilismo ausente.
Significantes mortos.
Hórus bem absorto,
seu juízo torto.
Expressar só desconforto,
não consigo nunca.

Está mudo meu anjo torto.
O poema preso. Nenhum purismo.
Meu lirismo é pobre?
Meu lirismo é podre?
Meu lirismo é pleno de ausência.
Sempre o mesmo jeito,
jeito de não ter mais jeito.
Minha alma caminha solitária.
Meus fantasmas estão mortos.
Sombras silenciosas apodrecem.
Pálpebras cansadas, quase cegas,
sonham possibilidades de ver.
A folha branca convida-me ao verso.
Hoje é pálido o próprio universo.
Hoje tudo é quimera,
pantera insólita de sombras, pesadelos.
Escombros onde me escondo.
Inferno, inverno, sem primavera.
As rimas fogem,
invadem talvez outro poeta.
Nesse dia tão "russo",
muita tristeza
um discreto soluço.

Conversa de bar

Vivendo doce pecado,
jogando no espaço agonia,
tomando chope gelado,
brota n'alma euforia.

Vivendo chope gelado,
fazendo doce pecado
desaparece agonia.
Jorra n'alma alegria.

Comendo doce e salgado,
longe miséria sombria,
se esquece com bom grado
de tanta barriga vazia.

Corpo presente

Lírios brancos,
círios acesos,
sérios problemas,
tíbios dilemas.

Lírios brancos,
acesos círios,
enunciadores de velhos prantos,
dores gravam,
tristes cantos.

Lírios brancos,
círios acesos,
gera dores,
sem acalantos.

Cortejo

Sadomasoquismo brinca.
O chicote feito poesia.
Tudo transforma.
Mudanças em transe.
Transa e alegria.
Sadomasoquismo gera fantasia.
Entre quatro paredes, nada de ironia.
Sadomasoquismo, abismo de prazer.
Entre meandros do desejo,
o mais puro desejo,
o mais puro ensejo
brinca e brinca:
único cortejo
abismo de prazer.
O sadismo brinca
o masoquismo também.
Chicote feito poesia
dor agora é alegria.
Explode certo cortejo,
nascido fantasia.
Desfila estranho festejo,
quatro paredes, duas sedes.

Abismo de prazer,
transa e ironia.
Curvas e um só desejo,
mais puro manejo,
entre mordida e beijo.

Cosmonauta

Cosmonauta em la noche espacial,
solo y solo
enigmas y sombras,
danzam en mi pensamento.

Sin novedad,
todo se vulve alrededor,
em las mismas constelaciones.

No soy aire ni soy estrela.
Camino sonámbulo
oyendo el rumor silencioso
del sueño.

Cosmos

Andrômeda explode.
Um anão revê a rota dos astros,
arrota galáxias.
O cosmos plural,
singularidade das estrelas,
como Andrômeda, explode.
Mais que tudo, o universo absurdo
gravita como caos,
gravita como cosmos.
Imita ordem,
evita desordem.
Caos e cosmos explodem.
Nunca descansam.

Cotidiano

Nos espaços amplos
silenciosos de meu tédio,
baila
incansável
uma musa
agonizante.

Crepúsculo triste

Vozes do entardecer,
ecoam no chão mudo.
Pássaros em voragem,
gladiadores sem escudo,
piam entre a folhagem.
Mais um dia termina a viagem
para noite chegar.

Vagos rumores, sons distantes.
Prelúdio do agora e antes.
Vozes tristes do entardecer.
Tudo pulsa no silêncio
aterrador do campo.
Refúgio na alma, refúgio dos gritos,
nos grifos, nos grilos.

Os acordes, os mesmos.
Harmonias conhecidas.
Orquestra sem maestro.
Partituras esquecidas.
São vozes paridas
um nada e o nada ser.

Sinfonia do outono,
regida pelo destino.
Polifonia do abandono,
regida pelo desatino.

Crivo

A vida escorre pelo ralo do tempo.
Ralho... como ralho!
Mais um ralho constante,
tangenciando o silêncio.

Nos tique-taques,
um ramerrão inútil de vozes cotidianas.
Blá, blá, blá dos relógios
alinhados com a morte.

Democracia

Sem censura, sonho, utopia,
palavra pura.
O som, no alto tom.
E London song.
E lonely sun.
Sunset, jet set, exocet.
Míssil do taco,
na bola sete.

Mais uma vez, o jogo.
Afogo sem afago careta,
sem o fogo dessas letras.

Desânimo

Entardecer, resto do dia,
também da semana,
a familiar ironia.
Fim dos séculos.
Fim dos séquitos.
Sequestro de hipocrisias
tropeçando na utopia,
e lugar estranho,
caricatura da realidade.
Lugar insólito,
quase ausente e invisível.
Recorte do sono em sonho,
com estiletes e tesouras,
objetos tensos
fazem do ocaso
uma forma, uma fôrma*:
opaca colorida,
ausentes os significados reais.
Sempre a mesma
familiar ironia.
Procura-se
a essência das sombras.

---

* Segundo ortografia anterior.

Descaminho

Passando o que passo,
sem o conforto do abraço,
discutível compasso,
no chão me arrasto.
Olho de longe o espaço.

Passando o que passo,
sem régua ou compasso,
nenhum destino traço.
Muito do porvir baço.
Tanto desatino faço.

Tudo chancela fracasso,
na retórica consternada,
bem preso no chão, me arrasto.
Será esse o caminho
sem astro?

Desconcerto

Seu corpo
sugere palavras
feitas de sonho
e brisa.

Que pena...,
minha poesia
é concreta.

Desejo

Amor fugaz, profundo.
Você nesse segundo,
despudoradamente
resume meu mundo.

Ultrapassando receios,
arquiteto toque perto dos seios.
Sensuais anseios,
agora já entumecidos seios.

Colar de sonhos,
circunscreve desejo,
circunscreve a fé.

Vulcão tamanho,
calor estranho,
já sei quem é.

Perigosa,
erótica obsessão.
Curvas e só curvas
ao correr da mão.

Despenco do alto,
no asfalto, no chão.
Despenco da lua,
na doce ilusão.

Você quase nua,
você toda nua,
caio na vida,
na contramão
e corro querida,
sem direção.

Desterro

Trago-a mudo,
mandrágora, afago-a.
Mágoa, muita mágoa.

Uma fonte longínqua,
sem horizonte,
vertendo água.

A seca, choro,
ou grito sufocado
anunciam mais um retirante
fracassado.

Destino

Um dia morrerei.
nem súdito ou rei,
simplesmente morrerei.

Palácio, cio, céu,
escarcéu de tantas noites.
Ao léo, sem mel,
apenas morrerei.

Quem sabe já morri,
mas insisto ainda
em permanecer aqui.
Sem palácio, sem cio e sem ócio.

Insisto ainda acordar.
Mas sei que um dia morrerei.

Acordei: só noturnos
só lindas harmonias
entre tantos acordes.
Não chorei.

E sábado à noite,
eu rei.

Mas tudo era sonho.
Que merda,
acordei!

Dia a dia

Aqui dois olhos são muito
para ver que tudo é igual.

Dois ouvidos muito,
ouvindo o mesmo silêncio mudo.

Dois braços muito,
sem nenhum abraço cálido.

Duas pernas muito
para a caminhada inútil.

Insólita paisagem.
Cotidiano eterno.
Repetição etérea,
existência estéril.

Drummond e meus netos

> "Não é uma vida exemplar esta que tira de um velho o doce modo de ser de um homem com netos."
> Adélia Prado

A festa existiu.
A festa acabou.
O povo sumiu.
E agora José?
Você que faz versos,
que ama e protesta,
está sem caneta.
Está tão careta.
E agora José?
Está sem discurso,
e o riso não veio,
circo sem palhaço, sem urso.
Em sua incoerência,
o triste espelho da ciência.
Sua doce palavra,
só lavra agora.
E agora José?

Sozinho no escuro
procuro José.
Encontro Thiago.
Saúdo Giovanni.
Mudo, procuro você,
no infinito,
no absurdo.
Você marcha José.
Você é duro José.
Contudo, ainda sisudo,
eu também mudo,
vejo Thiago, saúdo Giovanni.
José perdeu o bonde,
onde esconde alegria.
Agora José não ria.
Pois de José sem texto se faz poesia.
Giovanni e Thiago
Thiago e Giovanni
fugiram a galope,
saltos e pinote.
E agora José?
E agora?
O sempre agora,
na vertigem sem tempo,
acaso da hora.
Então, caminha José.
Caminha Giovanni.
Caminha Thiago.
Agora
caminham juntos,
de mãos dadas,
no doce frescor da aurora.

Entre a água e o vinho

Acrobático milagre do passo.
Caminho apático.
Às vezes trôpego
caminho, perdido
entre rosa ou espinho

Choro meu desatino.
Não há nada que o consagre.
Ignoro o destino,
não acredito em milagre.

No estático milagre do traço,
escrevo apático.
Às vezes suplico.
Caminho, descaminho,
entre a água e o vinho.

Choro meu desatino.
Não há nada que o consagre.
Ignoro o destino,
não acredito em milagre.

Entre pessoas

Fernando, venerando
o ópio e a prece,
transpira poesia.
Pira, enlouquece.
Acaso múltiplo.
Respira ocaso.
Heterônimos seus,
insólito pranto,
cisão de eus
forjados no espanto.
Monástico canto,
em plástico manto.
Fernando da pessoa,
das múltiplas pessoas
silenciosas, aflitas.
Ricardo Reis,
Álvaro Campos,
encantos em ninhos sem lei.
Ricardo Reis,
Alberto Caieiro,
trôpegos nos bueiros
mágicos da vez,
da Lisboa infinita
de todos reis.

Fernando sem comando.
Fernando da ciranda do ópio,
caleidoscópio dos ócios.
No doce absinto,
vive absorto, torto,
nau sem porto.

Bernardo Soares,
em desassossego,
caminha, tropeça e claudica.

Fora de hora,
Antonio Mora
filosofa perdido.
Vicente Guedes também,
entre átrios, heras, árias e eras,
nostálgicos ares de outrora.

Contudo, quase tudo
permanece sem prece,
sem pressa, na pessoa,
no múltiplo e indivisível
Fernando Pessoa.

Epitáfio

Carregou em seu calvário doce,
esta cruz
feita de lua nova.

Eros, ver-te em Vera

Meu buliçoso sangue fervia.
Brincando nas curvas,
só fulgor erótico, euforia.
Sufocado pelo desejo, sorria...
Assim construía no espaço
a mais doce utopia.
Celebrava contente festa nesse dia.
O pulsar triste, cadenciado de agonia
em retórica vaga
decadente dramaturgia.

Peregrino... em seu corpo,
abençoada romaria.
Gritaria eloquente dos sentidos
nos seios de indecente simetria.
Ao percorrer planícies, montanhas,
delirava nas entranhas,
desnudando suas manhas.

O sangue fervia.
Colisão de energias.
Histórias sem biografia.

Essa musa não sou eu

Uma tarde,
sem alarde,
cheguei.
Na rotina
da chuva,
nos musgos do chão,
escorreguei.
Uma musa torta
e alguns sapos
encontrei.
Engolindo eternamente
sapos e sopapos
do cotidiano.
Acho que cheguei,
dado o descaso
que encontrei.
Acho que cheguei:
uma musa torta
achei.
Abri a comporta,
torrentes de descaso
no ocaso da vida
encontrei.
Acho que cheguei.

Este fã mallarmé

Dans la rue,
dans le jeux de coups,
percorre entre acaso,
o caso e pouco caso,
Stéphane Mallarmé.

Os dados e o determinismo?
Só o incerto destino,
sendo a morte um abismo.

Na voragem do homem,
insólito o cinismo.

Et j'ai cru voir la fée
au chapeau de clarté,
apparition de Mallarmé.

Eternidade

Tiquetaqueando,

tiquetaqueando...

descobriu-se

no velho baú do tempo,

a vertiginosa fuga

do último instante.

Ex pira-se

XXXXXXXXXXXXXX
XXXXXXXXXXXXXX
XXXXXXXXXXXXXX

Faltando inspiração
expira-se x
em profusão.

XXXXXXXXXXXXXX
XXXXXXXXXXXXXX

Êxtase

Narciso espelho,
eco de narciso,
inveja da cópula
sexo e gula,
o frêmito na medula.

Narciso espelho,
sem diferença,
nada compensa,
uma morte que pula
e só reflexo acumula.

Narciso espelho
paixão do reflexo
já anda sem nexo
sem norte
sem sexo.

Extra sensorial I

Na luz dos fatos,
fatídicas fotos-luz,
obuses de verdades.
Os dados chochos,
vocábulos esdrúxulos,
murchos.

Contínua luz das fotos
brilhando nos olfatos,
fatos alucinados.

Extra sensorial II

Só espirros.
No voraz nariz da civilização,
uma ação clandestina.
O pó ensandeceu almas e palavras
nas esquinas.

Lavra dos destinos,
pó nas estradas: destinos.
Ofegantes baratinos,
pulsantes sentidos.

Pó e pé nas estradas,
dos tempos já vividos.

Só espirros
entre pós delirantes,
ensandecidos.
Pó e pé nas estradas
espaços já conhecidos.

Extra sensorial III

A gente se mete nos ácidos.
O relógio derrete tudo.
Plácidos unicórnios
feito cronos dissolvidos,
no olvido das traças.

Máscaras traçam destinos.
Drogas, drogas e tragos.
Drogaria dos hipocondríacos,
acomodados ilíacos,
dionisíacos delírios.

Adormecemos...
Sonhamos acordados.
Nos acordes sem som.
Acovardamo-nos por nada.
Mais uma simples viagem,
vadiagem das noites.
Plástica e lisérgica viagem
entre patetas dissolvidos
na caretice das noites.

Fatalidade

O mais profundo

significado da morte,

na qual não se procura

sentido algum,

morreu no sono profundo do poeta.

Feligonia

Pássaros-tempo
transportam nas asas ligeiras
minutos fugidios.
Dia feliz, efêmera poesia,
pó, giz, lousa apagada.

Lagartas-tempo
rastejam contrações ondulantes,
abundantes anos,
só desespero e agonia.
Manhãs vadias, ensolaradas cercanias,
terra árida e sufocante.

Nem mais brindam-nos
os pássaros-tempo de antes.
Certezas determinadas,
tristes lagartas-tempo flageladas.

Fim

Seu olhar
já era um olhar de adeus.
Nessa partida anunciada,
o exílio dos sonhos meus.
Oh! Inocente tempo
de quem dorme.
Sua falta faz
o crepúsculo enorme.

Sem madrugada,
sem manhã,
sem outro dia.
Eu sabia:
seus olhos de chegada, sem dor,
despudoravam a partida.

Finitude

Vagas,
trapos,
trajes,
tragos.

Crepúsculo...
Derradeiro crepitar.

Há crispas,
há cristas,
espumas ariscas.
Riscos e trapos
marcam as vagas.
Tragos tragam
o crepúsculo
pra noite chegar.

Depois as crispas se apagam
na crista pulsátil das ondas,
sem os trajes do dia.

Golpe

Ser e não ser nada
senão outro
que não o sendo.

Velho tango
na manhã portenha.
Resenha de Gardel,
que do céu
acompanha a milonga
dessa noite longa.

Guarujá

Tarde morna,
observo das Astúrias,
a orla.

Desfilam corpos,
seres desejados,
iluminados de sol e areia.

Tranquilo crepúsculo.
Lusco-fusco das lâmpadas
e lua cheia.

Da orla, retorna
um paisagismo forjado,
de capital e cinismo.

Singular utopia
em insólita miopia.
Existe lirismo,
beleza mesclada ao abismo?

Guernica

Procura-se
entre palavras
um cenário
no dicionário
de rimas,
o vocábulo
solitário.
Velho companheiro
de poetas sem tempo,
em tempo de
calvário.

Por que esconde
nas páginas rotas
tantas rimas sem rotas
de brincar em paz?

E a guerra voraz
come cada verso,
come cada ou toda poesia.

O poema da fraternidade
nunca poderá ser escrito,
no cotidiano atômico,

atônito,
aflito.
Dialética
apoplética
entre sonhos de paz
na paz dos sonhos.
Pesadelo,
radioativo,
núcleo de morte,
do inferno o mais triste
suporte.

Paz, em paz,
que o caos,
é audaz.
A guerra voraz
come cada verso branco.
Nenhum encanto,
nada de canto.
Em todo lugar,
só espanto.
Manto terrível da guerra.

Em cada lugar
nada santo,
nem herói vestindo pranto:
ponto a ponto tecido
na dureza de pedra,
a morte cínica,
a morte cênica,
agora medra.

Pessoas sem encanto
revelam sofrer tanto
uma dor que não encerra.
Mas, apesar da guerra voraz,
resta um consolo.
Crianças, crianças,
alguém berra:
ao zoológico,
enquanto não chega
a guerra.

Guerra

O tempo morria seco
no consolo das cruzes
espalhadas pelo deserto.

Longa estiagem.
Viagem estúpida
dos homens secos,
conquistas áridas.
Humanas, demasiadamente humanas.

Guerra nas estrelas

Ciência utópica.
Inconsciência.
Lança perfume e cobiça
ciúme carnavalesco.

Emoção evaporante dos sons:
ão, ão, zum, zum, zum...

Liberdade dos sentidos,
eternamente oprimidos.
Éter na mente
ão, ão, ão.
Tão inconsequente.

Séculos, séculos demais,
inúteis séculos procurando óvnis.
Astral volátil,
projéteis insanos,
projetos ciganos,
evaporantes enganos.

Hierógrifos

Tantas lides.
Patéticos ourives.
Hipócritas elites.
Iris ou Tamiris,
artífices e escribas.
Tebas, trevas e trovas,
crepúsculo da história.
Tristes aclives,
enormes apetites,
os mesmos convites.
Histeria com heróis,
história sem heroína.
Esquinas ardilosas nos esquifes.
Os mesmos patifes
olhando tudo, vendo nada.
Elites aflitas, apócrifas.
Mesopotâmias malditas.
Escribas impotentes,
incrédulos, impertinentes.
Crepúsculo da história,
podres convites,
longe de Tebas,
planeta sem limites.

Hoje

Rindo à toa,
meu tempo voa.
Transformo uma tempestade tropical
em serena chuva.
Estou estranhamente vivendo numa boa.

Rindo à toa,
com um olho na proa,
transporto-me só.
sou um outro, a pessoa.

Sem reinado ou coroa,
transito alegre na terra da garoa.

Hora da música

Sem sonho, um coração tristonho,
com os pés no chão,
brinca na realidade.
Sem ilusão.
Emudeceu o realejo,
tempo mudo da saudade.
Duvido de tantos sonhos.
Marcante olvido.
O ouvido surdo, sem som, sem tom.
Em dança, melodia inaudível do desejo.
Melancólico realejo.
Hora da música?
Sem musa.
Gramática confusa.
Estranha hora do encanto,
do som e do canto.
Hora insólita da vida,
do espanto, do pranto.
Hora da música na alma.
Hora da dúvida na calma.
Mas, em cada hora perdida,
o encontro com o indizível.

Nas letras, nos cantos,
canto apesar do pranto.
Canto meu eterno espanto.
E hoje se esconde a vida do miserável
e a miséria do conde.

Impossível?

Sonhos e imagens
tecem teia.
Nascem os versos
no avesso da areia.
Castelos, fábulas, mar,
desenham toda aldeia.
Agora só silêncio
Só silêncio!
Maré plena, maré cheia.
Mas nada se consegue pegar.

Indiferença no labirinto

Indiferente,
diante do que é,
e daquilo que nunca poderá ser,
caminho e claudico.

Indiferente,
entre a memória e o esquecimento,
entre a alegria e o espanto,
desejo e recuso ser mármore ou pó.

Indiferente,
face ao fogo e a cinza,
esperança ou medo,
a realidade devora todos meus sonhos,
até os não sonhados.

Indiferente,
entre o amor e a traição,
entre o caos e a harmonia,
contemplo um espelho
que já não reflete ninguém.

Indiferente,
não diferencio a sombra silenciosa do caleidoscópio.
Ao longo do tempo e do espaço,
procuro todos os lugares da praia inexistente,
seguindo rastros desconhecidos
na areia cálida do verão.

Indiferente, não mais que indiferente,
observo as letras de tantos textos
escritos e daqueles ainda não escritos
marcando com violência inefável
o papel amarelado dos livros antigos.
Os mesmos inúteis signos
também dançam na tela azul do computador.

Indiferente,
ouço o distante eco das palavras perdidas,
no tempo sem tempo,
no espaço de matéria ausente,
de energia inominável.

Indiferente,
face a caridade e justiça
desgastadas pelo trabalho incessante dos séculos,
encontro-me perdido
em labirinto de ferro.

Infinitas interrogações

??????????????????????????
??????????????????????????
??????????????????????????

Aqui se interroga
e se duvida de tudo.

Tudo mesmo?

Interroga-se?

Vale
mais
o pombo
da paz
ou a ave de
rapina,
se só
se ensina:
vence quem
desatina?

Juntos

Antigamente amava-se diferente.
A transa, algo mais ardente.
Toda mente perversa, inocente.
Antigamente, pensava-se diferente.
Sem Freud, sem Reich, naturalmente.
Antigamente, anos de
muitos desenganos,
vários amores, descuidos, insanos.
Tolos amores, tolos... mas humanos.
A caretice moderna ausente,
eterna mesmice tão frequente.
A gente amava perdidamente.
Enroscados entre passado e presente,
antevíamos a morte do tempo.
No âmago do amor, quase
nada indecente.
Crepúsculo e aurora
caminhavam juntos,
na extensão verde dos prados.
E a natureza seguia.
Havia muita luz até nas trevas.

Kairós

Um olhar quase nada vê.
Sol, mar, pálidos: pouca cor.
Meu grito parece gritar de muito longe.
Eu, comedor de tantas
paisagens, lamento.
Nem sei o quê.
Horas e horas tenso,
me vejo lá fora.
Meu ventre, em vão,
em tantos outros ventres
se perderam.
Abraços nus em tantos abraços.
Palavras talvez já extintas entre nós.
Comunicação: um grande nó.
Permaneço sem horas e dias.
Sem anos ou séculos.
Os oráculos já absurdamente
agonizantes.
Vi tudo que vi: quase nada.
Entre a viga e o vão: Rosa e Tom.
Nos cumes a ilusão.

Permaneço confuso e disperso
nos espelhos infinitos, assombrados.
Permaneço à luz do sobrenatural,
na doce e cruel expectativa
da morte do espanto.

Laranjas

Antes, no sol,
certa laranjeira
de pequenos sóis brilhantes.

Ávidas mãos do camponês
desejavam um sol
cada vez.

Miséria sem brilho, sem sol,
os pequenos sóis alaranjados
agora apodrecem em fruteiras
das pessoas indiferentes.
Elas não percebem o
trajeto ácido:
sementes, até drosófilas,
sem socialismo,
sem filas.

Luar

Alegria!
Uma linda lua surgia.
Aleluia!
Uma linda lua nascia.
Mística oração,
nessa noite vazia.

Luzes

Pictogramas cósmicos,
caleidoscópio estelar.
Ilusão e miopia na verdade esplêndida
dos fogos, chamas e luzes.
Nada eterno. Importa pouco.
Inevitável colisão: matéria,
anti-matéria, estranha combustão.
Transcendência e inocência
brincam na escuridão.
No fogo crepitam nebulosas,
ardem constelações e estrelas.
Rastros de tanto astros.
Sangue nas artérias, íntimos diamantes.
Só capricho ou acaso acomodam
cosmos e caos, cronos e kairós.
Galáxias orbitando, eixos brilhantes.
Delírios cósmicos rutilantes.
Universo de muitas estrelas remotas,
suas pobres rotas perdidas,
entre planetas, esferas, luzes
e profunda escuridão.
Porém flutua um único grão de poeira,
na explosão de tantos
núcleos em cadeia.

Magia

Canto mágico.
Nossos corpos,
alvoroço de nós mesmos,
cantam a esmo,
cantigas obscenas.
Mundanas antigas,
hoje abraços,
despertam milhões de relâmpagos
pela cidade.
E nos corpos se agitam,
o vórtice da liberdade.
Corpos em atrito,
natureza nosso grito.

Mais um dia

A esperança nada espera,
agoniza.
Chove sangue e lágrimas
em cada alma
atormentada.

Esperança que espera
e ainda agoniza...
Quase sempre agoniza.

Quase utópica, última luz
luminosamente acesa
em tantos confins.

Medo

Um consternado desvio de almas,
provoca arrepio
na rota dos desencontros.

Rio do desespero,
frio desterro.
Aterradas almas
invadem silenciosas
as noites calmas.

Menina triste

Impossível desenhar
um sorriso
em seu rosto.

Sem juízo,
nesses lábios tão cerrados,
jogo com amor.

Impossível desenhar
meu sorriso
em seu rosto.

Mércia*

Meretriz, alegre atriz, atriz em sonho,
meretriz da noite infeliz.
Expressiva tatuagem sua cicatriz.

Em cada banal compromisso
o destino toca um corpo omisso.
Meretriz do sonho e dor,
estelar feitiço
se confunde,
senhor e submisso.
Mas... um destino toca
seu corpo omisso.

Angústia, desejo, mistério
resplandecem na mulher obscura,
lunar criatura.
Contornos inomináveis,
vales ignotos,
curvas harmônicas
nos meridianos da mulher da vida,
almas incógnitas, ninguém duvida.

---

* "Negócio ou trato oculto", "Namoro clandestino": Aurélio Buarque de Hollanda Ferreira.

Meretriste na noite infeliz,
indelével tatuagem e cicatriz.
A merendeira de prazer
e desejos ocultos,
nessa insensatez sublime dos vultos.
Só atriz em frêmitos convulsos.
Meretriz, alegre atriz.

1989*

Ano de doze rumoroso silêncios:
em 52 semanas muita dor.
Auroras pálidas,
crepúsculos áridos,
ausência despótica
presentificando tudo.
Ausência presente
escondida sob o mármore.

Morto, hoje fantasma e imortal,
eterno em nossa saudade.
Filho e amigo,
enquanto dorme no etéreo país,
nós renascemos do desespero,
o desterro implacável das lágrimas.

Um pequeno consolo:
Muito jovens viajam cedo.
Deus quer logo suas voltas,
para estar junto deles.

---

* Morte trágica, aos 18 anos, de um ente querido.

Minha psicanálise

A psicanálise tropeça
no destino humano,
mas, ao menos,
tenta compreendê-lo.
O desejo será sempre
enigma e esfinge.
O desejo será sempre
o algoz de Édipo,
cada vez mais trágico.
Museu de tudo e do nada.
História e estórias.
Importa revelar
as tramas do inconsciente.
Trapaças, lapsos, atos falhos
no teatro do impossível,
que muitas vezes
se pretendem razoáveis,
acima das vicissitudes da emoção.
Tragédia nos acessos da dor.
Comédia nas periferias do prazer.
Estranha mistura de amor e morte.
Apolo e Dionísio
sem lugar no metrô,
sem site na internet,
sem rugidos
no zoológico.

Carne e verbo,
afeto e escrita,
em algum lugar extra físico.
Parte da verdade
habita espelhos
e labirintos.
No lugar do nada,
absoluta exclusão dos valores:
silêncio dos significantes.
Representações ilusórias, pobres.
Importa revelar
os dramas do inconsciente.
Cada ente merece
interpretação diferente.
Ás vezes, ouço o rumor insólito
do significante.
Um minotauro
feito de sombra atiça-me,
assombra-me.

Mítica

Entre silêncio e grito,
aflito, confusamente estranho,
tropeço.

Feito incerto defeito,
o pulsar da memória.
Certa lembrança transitória
subverte minha história.

Hidra de Lerna,
esfinge sem perna,
finge beleza amiga,
ao enigma que instiga.
A face é moderna,
a efígie, antiga.

Há fogo e afago
na ação fingida,
mistério com intriga,
terrível alquimia matricida.

Mouraria

Nessas pedras lisas
e lambidas pelo tempo,
nesses corpos sem atrito,
entre constritos apelos,
o éter criou substância.
Matéria e misteriosa hiância.

Certo poeta enlouquecia
com o chá de cogumelo atômico
entre tantas ruínas.
Lisboa, era muito
feliz nesse dia.

Natividade

Nasci em 46. Dia 6, setembro o mês.
O P.C.B. tinha sua vez.
Em 47, outro despótico estado se repete.
Nós, as eternas marionetes.
Cenário no qual, pouca gente reflete.
The dream is over!
Macacos cover. Medo, muito medo.
Tristes nesse enredo.
Homens macacos, olímpicos
brinquedos.
Indiferença, universo absurdo;
indiferença, povo mudo.
Contudo, com todos, um povo já mudo.
Buscou-se um mundo melhor,
mundo sem fome, sem dor,
igualdade entre mendigo e doutor.
A gente sempre quis um mundo melhor.
Hoje, algo morto. Absorto,
o pensamento torto.
Vago na indiferença das vagas.
Vigas em desconstrução.
Algo morto, sem uma única ação.
Porto convulso, sem embarcação.
Nasci em 46.
Distante a revolução.

Negrume

Pirilâmpada queimada.
Vagalume cego.
Pira olímpica apagada.
Sem luz,
a ilusão em trevas
só iluminada pela escuridão
negra das sombras
voando, tantas pombas,
desintegram-se
com a fúria das bombas.
Nessa poderosa agonia,
o mundo pobre,
sem poesia,
adoece no dia a dia.
Sem carnaval,
sem confete,
floresce nostalgia.
Nas frias lápides,
apenas promessas de paz.
Vagalume voa,
feito gota de luz.

Noite de verão

Noite de verão
sem sonho... sem sono.
Componho poesia.
Não sei onde ponho o enfado
que serve de guia.
Uma branca lua me espia
nesta mistura do poema com maresia.
Fado e nostalgia.

Noite de verão,
não sei onde ponho
a agonia lenta
sem clamor do céu,
sem água benta.
Nesta mistura
do poema com maresia.

Nostalgia

Antigamente você
não me tratava assim.
Digitando poesia,
ficava feliz por mim.

Antigamente você
não me tratava assim.
Minha angústia era charme,
nunca uma coisa ruim.

Antigamente você
não me tratava assim.
Parecia mais presente,
mesmo tão longe de mim.

Antigamente você
não me tratava assim.
Era a própria musa
dançando em meu jardim.

O canto das sereias

As ondas ziguezagueiam...
as ondas ziguezagueiam,
escrevem na areia
ziguezague confuso.
Confesso me confundo
com a areia do fundo.
Confesso me confundo
com o ziguezague confuso.

Paixões ziguezagueiam,
dançam no mar.
Desejos em ziguezague
erguem na onda altar.
Perdido no transfundo
do ziguezague confuso,
confesso me confundo.

O elefante e a formiga

A vida oscila
entre o peso de elefante
e a leveza da formiga.

Entre a fraqueza da verdade
e a força da intriga.

O oráculo responde

Orixá:
ouvi do óscine,
no eterno ápice,
óticos óvnis.
Óvnis exóticos,
n'orígma de sempre.

Orixá:
dos sonhos
nascem castelos
que caem na realidade
e silêncio.

Imagens e versos,
tão diversos no pequeno mundo.

Pequena pergunta

Por que a morte,
senhora do tempo,
se a vida, sempre nua.
espera por seu desejo?

Poema da vida que passa

Neste mês, agosto,
sinto que a vida passa.
Da juventude deposto,
do fogo resta fumaça.

O gostar daquele gosto,
pressuposto numa taça,
é hoje amargo composto,
feito de dor e desgraça.

Neste mês, agosto,
sinto que a vida passa.
Ao crepúsculo exposto, entardeceu
vida, papel, festa de traça.

Poeta triste

Ainda há vida
na tarde infinda.

Alquimia à toa
dos extemporâneos,
dos frívolos,
das frígidas.

Nas mídias,
nas musas caladas,
no frio mármore
de Fídias,
só musas murchas
ou despetaladas.

Pragma

No pouco...
muito.

No pronto...
tudo.

No pranto...
espanto
por nada.

No nada...
pouco
de tudo.

Quando

Quando se grita e chora,
cala ou canta,
quando se arde sem alarde,
goza, sofre, mata, morre,
para ou corre,
só, e, só, escorre poesia
com a mesma e velha teimosia.

A forma e a fôrma mágica
dançam triunfais ou trágicas,
brincam no dia a dia.
Com palavras sentidas,
rimas esquecidas,
muitas ilusões vencidas.

Queda

Tropeço no acaso.
Não peço nada.
Tropeço no infinito,
Nem ando aflito.
Conformado, já não grito.

Tropeço no nada.
Não sei onde a vida começa
ou então se acaba.
Só estranho a grávida nua,
às vezes desaba, outras flutua.

Tropeço no acaso
com tanto descaso,
sem preces na aurora,
sem pressa no ocaso.

Eu... sempre... sempre trôpego,
a tropeçar por nada.

Quem?

Quem era ela?
Quem era eu?
Só resposta,
amarga ou doce,
se perdeu.

Quem era ela?
Quem era eu?
Em seus lábios queimava
fogo de Prometeu.

Com uma vida atoa,
eu, sempre o ateu,
encontrava nela
um paraíso meu.

Receita

No liquidificador
coloca-se
uma alma e...
se liquidifica a dor.

Reflexão

Espelho, lugar inabitável,
só reflexos e reflexos sós.
Rostos alegres ou antigos rostos.
Desgostos, escassos sonhos decompostos,
a postos, impossível espaço.

Inimigo da memória,
vidro, cristal,
fracasso e glória,
reflete um só momento
ou toda história.

Superfície silenciosa,
ocioso espelho mágico,
das miragens, dos mitos, do mundo,
refletindo até a exaustão
pálidos momentos da percepção.

Reflexões de um certo caipira

Ah!... como era longe,
o tar infinito!
Meio estranho,
meio afrito,
perguntava pro São Benedito:
"Me diga santo,
onde mora o tar do infinito?"

Só silêncio:
eterna resposta.
Pisando num monte de bosta,
ia espantando os mosquito.

Pensando,... e como pensava,
oiava pra tudo,
mai nada achava.
Caminhando, mexia os gambito.
Fui pará no bar do Chico,
bem mai perto,
perto memo, que o infinito.

Justiça seja feita,
livrai-me dos mexerico.

Bebendo umas e outra,
matutando, matutando,
farta de fé, acredito.
Num pode um oito deitado,
sê iguar o infinito.
E que vá bundar co Frederico,
quem achá tar lugar,
em quarqué manuscrito.

Lugar longe, esquisito,
onde se esquece da vida
ou se pede pinico.
Será isso o tar do infinito?
Seu fio do cão!
Seu mardito!
Arresponda, eu insisto!
Num quero pagá o mico.

Discurpe, meu São Benedito.
Que fique dito, o não dito.
Num pode um oito deitado,
repito, meu santinho querido,
sê iguar o infinito.
Só na ideia de jerico.

Escuta meu grito.
Abençoado santo.
Arresorva,... meu confrito.

Vô pixá as parede do mundo,
com tudo que tenho escrito,
memo sabendo que isso
não pode sê tão bonito.
Me perdoa São Benedito!

República

Ninfas...
Em mim fizeram república sensual.
Secretamente perdi o orgulho,
vivendo erotismo, luz e trevas.
Diversos lugares mesclados à lascívia.

Bem escondida, dentro da alma,
lembrança boa, tantos pecados.
Memória de cosmos, caos e orgasmos.
Estranha e paradoxal república de hoje:
coxa.

Já fui feliz. Agora palavras.
Palavras caindo sobre mim.
Nenhuma fala do amor.
Não consigo pegá-las.
Caminho surdo às vozes de encontros.

Retórica do silêncio

> *"Tacere è la nostra virtú. Qualche nostro antenato dev'essere stato ben solo – un grand'uomo tra idioti o un povero folle – per insegnare ai suoi tanto silenzio."*
> Cesare Pavese

Sonhando pareço ser mais do que sei.
Sei de minha fome absoluta de ser.
Sonhando-me ser,
sonhei-me, sonhando...
Tentava inventar o vocábulo dizível.
Indústria de palavras. Fábrica
de tantas ideias.
Sempre um rumor não
silente e inaudível.
Vozes quase mortas, incerto
tropeço na retórica.
O mesmo estranho mutismo na alma.
Sonhei-me, sonhando em vão.
Impossível decifrar a escrita interior.
Nenhuma verdade tola ou essencial,
hieróglifos maculados,
hieróglifos pálidos.
Indecifrável silêncio
entre o ser e saber: sonho.

Retorno?

Podia, a vida
acabar no suicida,
na volta ou na ida,
se soubesse a história do ovo.
Mas... bobo,
ignora o começo da partida,
despedida histórica de novo.

Podia, a vida
prescindir do novo
vislumbrar
a alegria do povo.

Rotina

Tantos uísques
envelhecidos
em tonéis de mágoas.
Tantas lágrimas,
prantos já derramados
nas madrugadas.

Noites de insônia,
insânia,
procurando anjos
na Babilônia.
Insólita epifania.

Ruga

Visível cicatriz.
Em inexorável futuro,
amarga atriz.
O rosto em apuro
esconde perplexo
eterno no esconjuro.

Já não serve
uma permanência
em cima do muro.
Nesse tenso cotidiano duro
a cicatriz no rosto
revela tudo:
velhice.

Se

Se houvesse a saudade,
com pressa, com prece
correria em direção ao passado.

Se houvesse futuro,
antes e depois do muro,
correria.

Não ria do furo
no interminável
escuro de uma alma.

Alma que já não corre.
Anda tão lerda.
Merda!

Sendo

Insisto, sendo sempre sido.
Mesmo advertido,
apenas outro sendo sido serei?
Não, não mais que sendo sido
morrerei...
Um pretérito do presente
enclausurado.
Só entre serei e sendo sido.
Não conduzo,
conduzido, ando em atalhos
do imperativo atrevido.
Claudico em verbos.
Ainda sempre
o sendo sido.
Mas... insisto mesmo em ser,
sentindo só e só ser sido.
Será que um dia serei?
Somente miserável
ou certa mesmice perene, ser rei?
Sendo sido sempre
um mesmo,
será que ainda serei?

Ser ou não ser sereia

Boca nos seios,
doçura no meio.
Forte anseio,
tenso receio.

Rodeio, enleio,
caminhando em seu corpo,
passeio.

Acendo-me nos seus braços,
me perco nos espaços...
Você, mescla de ninfa e sereia,
entre ardentes abraços, incendeia.
Escreve nossos mitos na areia.

Ser?

I am the best.
Acordo cedo.
Trabalho sempre.
Os acordos de sempre.
Sempre os mesmos acordes.

I am the best.
Cidadão comum
ou cafageste.
I am the best.
Ao longo do norte e do leste.
Algo que ainda preste.
I am the best.
Puta que pariu,
ser sempre
e sempre
the best.

Significar

Vazia a mochila.
Caminho sem briga,
pelos paramos da vila.
Alma sempre intranquila
interpreta certeza
onde só se vacila.
Caminho sem briga,
apesar de tanta dúvida antiga.
Minha alma adormece tranquila.
Os significados agora são inúteis.
Já não se busca nada.
O nada e a busca são inúteis.
Já não se busca,
entre incas ou gente etrusca,
um significado para
indecifráveis hieróglifos.
Desejo, sem pejo em eterna busca.
Continua vazia a mochila.
Nua a realidade,
sem significados.

Strip tease?

Brinca-se. Despe-se.
Eros explícito.
Sem dogma, crachá,
cínico blábláblá?!

Nenhuma profecia aqui ou lá.

Prosa sem poesia,
vertigem na noite,
voragem do dia.
E... !
No cotidiano strip tease da vida,
um espartilho
e a esperança,
dependurados
em mãos trêmulas.

Sua trança

Gostoso cansaço!
Feito criança,
percorro espaços,
me lanço na dança,
em cada pedaço
de sua trança.

Caço esperança!
Bem perto; o fracasso,
inútil confiança,
tímido o passo.

Tese

Da estante,

cada instante

revela tudo:

livros expostos.

O grande texto mudo,

lido e não lido,

do impossível estudo.

Tudo extrapola

certo contexto mudo.

Tortura

Poder desumano,
violência, tortura
reduz ao desespero
toda criatura.

O corpo sofrido trai o ideal,
contexto sombrio, infernal.
Um homem humilhado confessa.
O torturador feliz, com pressa
presta contas ao ditador.

Em nome da pátria,
liberta da subversão,
preservam-se os valores da família.
Valor seu, pobre cristão?

Mais um cadáver no chão
permanece ao Deus dará.
Mais um cadáver no mar
e ninguém saberá.
Nunca se saberá.

Torturante

Repetição...
Repetição...
Repetição...
Ruído pausado
da angústia.
Trágico tic-tac
da alma
gritando em silêncio.
Horas agonizantes
e desesperadas.
Duendes cantam,
elaboram fantasmas.
Noite de terror.
Mesmice dos trágicos minutos.

Tradição filial

Nessa folha
aflora
mais um aniversário.
E o filho solitário
segue eterno itinerário.
Sem nada, mais um filho
de natureza vaga;
atado ao desafio,
sem presságio,
significante
ou dicionário.
Sem dívida no erário,
sem dúvida no cenário,
ainda não se acredita otário.

TV

Antenas poluem o espaço.
No amplo silêncio das tardes,
lares, pouco a pouco,
estão repletos de informações
e mentiras.
O silêncio medíocre de pessoas,
agora sem voz,
transmutadas em televisão.

Transpiram na tv
jornalismo, anúncio,
novela, tragédia,
filme, esporte, política:
tudo comédia sem graça.

Um encontro

> "E eles ali estavam em minha frente,
> com os bicos apontados para mim,
> como duas lanças a furar-me os olhos."
>
> Carlos Marighella

Noite bem turva,
é claro no escuro.
Vejo sua curva.
Vejo suas curvas.
Infinitas estrelas
entrando em você.
Bela, mais que bela,
perdeu-se na profana confusão
de tantos carinhos.
Meus descaminhos, outros os caminhos.
Já se sabe seu nome.
Carinhos doces, desatinos quentes
no centro de suas coxas...
Estrelas querem explodir,
nos intrépidos sentidos,
nus sempre entrelaçados.

Carícias cegas, vadias,
vagam sobre amante sedutora.
Minha paixão equivale ao infinito,
muito tempo atravessa-me aflito.
Estou nas alturas.
Tetas lascivas, consistentes, consentidas,
acomodam meus lábios,
esculturam minhas mãos.
Entre pequenas colinas,
o ardente desejo,
o anseio absoluto
no meio da vida,
no meio do corpo.
Auréolas escuras,
claridão sem fim.
Servidão e apelos.
Nós nus,
esparsos, mansamente esparsos,
no espaço sublime de dois eus.
Seu corpo permanece perdido
no meu corpo,
como símbolos indecifráveis
os corpos arquitetados nas entranhas,
estranhas na superfície.
Constelações sem letras,
habitam nuas rumorosos enigmas,
na vertigem sonhada
das muitas noites clandestinas.
A você, quero dar todos
nomes conhecidos.
Só a você doce constelação de perfumes.

Minha vida explode em você
cordilheira absoluta de cores
em esquinas fulgurantes de alegria.
Em seus ais desabaram nostalgias.
Em sua meiga alegria: nossa
galáxia e nossa orgia.
Afogar-se doce, convulso,
em sua boca.
Línguas perdidas,
paridas entre dentes.
Em nossas bocas
suave hálito único
parece quase nada,
para tanta vida,
onde tudo se olvida:
o cotidiano
cheio de fumaça e desespero.
Cheio de sombras indiferentes
que hoje nada contam.
Meu corpo procura seu corpo,
festival dos cheiros.
Meu corpo enrosca no seu corpo,
despido das roupas inúteis,
limites estranhos às flores todas.
O próprio corpo e outro corpo
desatam nossas carnes nuas.
Florescemos em salivas úmidas
sob as nuvens da cidade,
pousando no sorriso ainda sem nome,
falando com sorriso nossos nomes.

Carinhos doces, eternos carinhos
brincam no centro de suas coxas.
Quase adormeço em suas pétalas.
Quase me embriago nos seus aromas.
Minha vida explode em você.
Bem feliz, desesperado, agora,
desejo sua vida
também explodindo em mim.

Um poeta

Imagens, sons,
palavras em cadeia.
Assim nascem castelos,
no silêncio da aldeia.
Avesso da vida,
no papel e na areia,
pulsa e explode vermelho
sensível coração,
em cada veia.

Um velho

Sem alegria,
nada ou tudo
que sorria
bem carrancudo.
Indestrutível escudo.
Sem palavras, quase mudo.
Contanto... contudo,
só desnudo.
Não canta.
Não sorri.
Não encanta.
E... caminhando espanta!
Sem alegria
prossegue um velho
na noite e no dia.
Bem carrancudo.
Constantemente
bem carrancudo.

Uma flor

Seus cabelos,
meus desvelos.
Esqueço-me do Rosa
eternas veredas.
Esqueço o "Nome da Rosa",
caminho em alamedas.

Seu rosto,
decomposto pela sorte,
procuro até na morte.
Destino vadio.
O seu vazio
procura o norte.

Seu corpo
paralisa-me a memória.
Andar de Gradiva
prenuncia a Glória.
Nos encontros
nus os encontros,
fusão de almas
e horas calmas.

Crepúsculo ou aurora,
sem espinho agora,
visão bela do mundo,
nascimento da rosa,
esqueço-me do Rosa;
esqueço o nome da rosa.

Pena a pena
ilusão da rosa.
Só poesia,
não há mais prosa.
(Me esqueço da prosa?)
Que pena!
O silêncio já pode ser outro.

Universo e razão

O universo expande e não versa.
Na tangente, um círculo de gente
tergiversa ao acaso e
desconversa fiado.

O universo teimoso, tinhoso, não versa,
só desconversa.

União dos versos,
utópica universalidade.
Mentira ou verdade?
Às vezes inversa, outras transversa.

O universo expande, não versa.
Face à realidade adversa,
a razão permanece submersa.

Utopia

Caçador de quimeras,
atrás do presente
e de tantas eras,
era tudo
entre as mulheres sinceras.

Eu, o eterno caçador
de quimeras.

Velocidade

O tempo esquece
o instante passado.
Transfere minuto findo
e rumo traçado
para além do caótico bailado.

Certo papel, folha ao vento,
desalento fracassado,
transporta contratempo
em novo rumo forçado.
Eterno é o tormento,
mais um instante passado.

Verdade

Foi bom te ver.
Foi bem te vi,
voando longe
de quem sofre aqui.

Foi bem te vi?
Atoa... voa feliz
um bem-te-vi!

Versinho 1

Sem caneta,
meu verso perneta
fez careta
e deu rasteira no capeta.

Versinho II

O licor
de jenipapo
estimula
o bate papo.

Versinho III

No cume do
vulcão extinto,
pede-se tragar
absinto.
Nada de outro hálito
entra no recinto.

Vertente

Quero ver-te
rosto,
corpo,
alma.
Verdade
de Vera
verte
esperança.
Verte amor
em minha andança.

Viver

O fim de tarde,
sem alarde,
eu vivo.

Cativo ao nexo,
sem sexo,
sem anglo-saxão,
procuro filosofar em alemão.

Sem plexo,
no corpo,
no copo,
sublimo o pão.
Anseio
a tormenta do grão.

Nada de trigo
anexo,
na intriga
sem sexo,
sem anglo saxão.

Procuro,
no escuro,
o filosofar
do alemão.

Trôpego
em verso,
um universo
volátil.

Míssil
de letras,
hipocrisia
das rimas,
dos ritos.

Erudito,
continuo
aflito.

Cativo ao nexo,
cativo à lógica,
tão ilógica da emoção.

Procuro
no escuro,
filosofar
sem pão.

Você e os outros

Ao passar por mim,
ouço tempestades de silêncios.
Morrem notas musicais.
Vibrações anuladas.

É imperceptível o rumor dos sonhos.
Barulho insuportável do nada.

Você atravessa mansamente
minha alma.

Personagem imponente
desfila entre luzes plenas.
Pode arranhar retinas.
Os circunstantes desaparecem.
Agora vidas minúsculas,
fantasiadas do invisível.

O casto e o imundo
ainda não se fizeram no mundo.
Absoluto senhor de idioma conhecido,
minha pobreza de vocábulos
flutua em linguagem vazia.
Você e uma ilusão sempre
passam por mim.

Voyeur de estrelas

Olhava o céu,
firmamento estático.
Equívoco fantástico,
satélites ao léu.

Etéreo lugar.
Eterno vidente lunático.

Voyeur das estrelas cadentes,
olhava sempre o céu.

Zoom

Uma luz
na retina
descortina a menina
nos olhos tristes
da bailarina.

Minha sina,
minha luz,
descerra a cortina.
Procuro luz
entre a neblina,
caminho em paz
sobre a ravina.